AF317256

ÉLOGE HISTORIQUE

DE

CLAUDE MARTIN

MAJOR-GÉNÉRAL

FONDATEUR DE L'ÉCOLE DE LA MARTINIÈRE A LYON

NÉ EN CETTE VILLE EN JANVIER 1732

MORT AUX INDES A LUCKNOW DANS LE BENGALE LE 13 SEPTEMBRE 1800

Par George Martin

DE LYON.

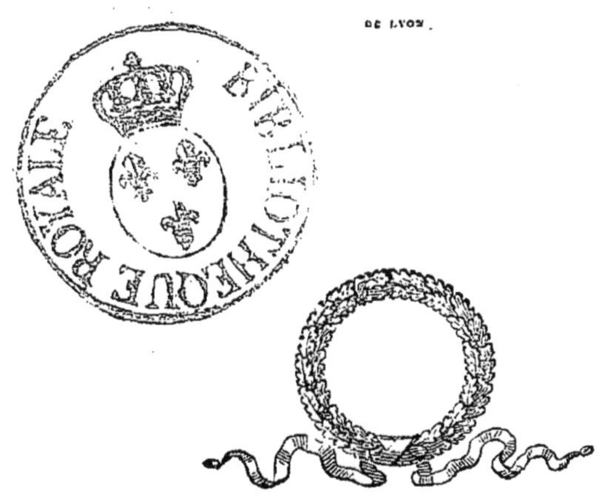

LYON

IMPRIMERIE ANDRÉ IDT, RUE ST-DOMINIQUE, N. 13.

M DCCC XXX

AVERTISSEMENT.

Cet essai sur Claude Martin a été composé dans le temps où l'Académie de Lyon tenait le sujet en concours pour l'un des prix de 1828. L'Académie avait proposé par son programme *l'Eloge en vers ou en prose du major-général* Martin, et elle a ensuite fait connaître, trop tard pour les concurrens, qu'elle n'avait pas entendu demander *un Eloge historique*, mais *l'Eloge des établissemens philantropiques* de cet homme dont la vie passée en pays étranger est si peu connue parmi nous. Ce dernier genre de travail eût été en effet le plus convenable dans la circonstance, parce que les panégyriques ordinaires exigeant une certaine pompe de style, cette pompe ne paraît que de l'emphase lorsque le panégyrique est publié dans un temps où l'on ne parle plus du personnage : le pathétique oratoire n'étant goûté dans un éloge, que s'il est employé au sujet d'un homme mort tout récemment et qui de son vivant a fait sensation dans les lieux mêmes où on le célèbre. Une telle cause de défaveur était très forte dans le sujet proposé qui ne fournissait réellement matière à éloge qu'en raison des talens incontestables de Claude Martin, mis au jour dans son élévation et ses entreprises, et en raison des goûts de bienfaisance et de l'espèce de grandeur d'ame qu'il a manifestés par son testament et ses établissemens philantropiques ; et non pas en raison de ses actions publiques et privées qui n'étaient pas assez connues pour être mises en avant, et qui l'étaient trop pour que l'on pût se permettre des fictions, surtout en prose.

Ce sont sans doute ces inconvéniens qui ont fait que toutes les pièces envoyées au concours se sont trouvées en vers, à l'exception de la mienne. N'existant pas pour celle-ci de pièce de comparaison, le prix a été partagé entre deux ouvrages en vers. L'un de ces ouvrages offre une lecture attachante, il a de la verve et du naturel, et respire partout une véritable poésie ; il est de M. Rabanis, professeur-agrégé de Rhétorique au Collége royal de Lyon, et a été imprimé au mois de septembre 1828 dans le recueil des *Archives historiques et statistiques du département du Rhône*. Dans quelques passages, les idées de M. Rabanis ont paru se rencontrer avec celles de certains endroits de mon discours. Afin que le public puisse comparer ensemble les morceaux entre lesquels il y a de l'analogie dans le fond des pensées, on lui présente aussi cet éloge en prose qui est d'ailleurs plus spécial pour le général Martin, que ne peuvent l'être les poèmes dans lesquels, en vue de l'harmonie poétique, le héros n'a pas été nommé *.

J'ose dire qu'à cause de la pénurie de matériaux, qui ne m'a pas permis de travailler sur un vaste plan, lorsque j'ai voulu ébaucher un discours oratoire formant un Éloge historique en prose, genre qui exige une exposition de faits positifs et saillans qui me manquaient, j'ai rencontré certaines difficultés qui n'existaient pas pour ceux qui voulaient faire des pièces de poésie sur le même sujet, attendu que sur un seul fait ou un seul sentiment on peut faire des milliers de vers capables de plaire, et dont cependant les pensées ne présenteraient dans des éloges en prose que des amplifications ridicules **. Au reste, j'ai tâché de réunir ici le peu de documens vraisemblables qu'on a obtenus sur notre compatriote, lesquels nous devons presque en entier à M. le docteur Martin aîné; et ceux qui m'ont été transmis par M. le prince de Boigne, de Chambéry, qui dans un temps a eu des relations d'amitié avec le général Martin. J'y ai ajouté des aperçus sur une nouvelle organisation à donner à l'Ecole de la Martinière, et des extraits du testament.

---

* Voilà une circonstance qui aurait dû être prévue dès le commencement; c'était une raison de plus pour que l'Académie, qui penchait vers la poésie, mît en concours l'éloge des institutions au lieu de l'éloge de l'homme. Il est arrivé que l'Académie n'a en quelque sorte obtenu ni l'un ni l'autre.

** Les versificateurs (car ils abondent plus que les poètes) ont encore un singulier avantage sur les prosateurs, en ce que beaucoup de personnes ne veulent pas convenir 1° que des vers médiocres sont plus insupportables que de la médiocre prose; 2° que dans une composition en prose, aussi bien que dans une composition en vers, des morceaux pleins de pensées et de chaleur peuvent compenser les imperfections de l'ensemble, et rendre l'ouvrage égal ou préférable à celui qui, quoique plus correct, est dépourvu de vigueur et d'imagination.

ÉLOGE

DU

Major-Général MARTIN.

Bonum virum facile crederes,
magnum libenter.
Tacite, Vie d'Agricola.

Dans tous les siècles, on a fait l'éloge des hommes extraordinaires, mais rarement on a rendu hommage aux véritables grands hommes. Les passions et les préjugés ont toujours fait prodiguer l'admiration et les louanges aux mortels parés de talens nuisibles ou inutiles à la société, bien souvent à ceux qui n'auraient dû être regardés que comme de véritables fléaux. Le titre de grand, qui n'appartient qu'aux vrais sages et aux bienfaiteurs des peuples, a été sans cesse donné aux idoles de la gloire et aux oppresseurs du genre humain. Séparée ainsi de la justice, en tous temps la grandeur a été vue par le vulgaire, ou dans des illusions, ou dans les affreuses réalités du carnage et de la destruction. L'homme juste qui se contente de faire du bien à ses semblables, celui qui par des découvertes utiles contribue au bonheur commun, le philosophe qui sait combattre les erreurs sans corrompre la morale, trouvent à peine des apologistes : de tels hommes sont loin d'inspirer les transports et l'enthousiasme que causent universellement la folle ivresse, les atroces vertus ou les bizarres jeux d'esprit de ceux qui par des routes brillantes ou nouvelles répandent des maux sur la terre.

Ainsi, c'est à mille choses vaines ou désolantes qu'on sacrifie ici-bas les plus nobles attributs de l'intelligence. Pourquoi l'éloquence, cette arme de l'esprit et du cœur que possède tout homme sensible et passionné, cette puissance qui ne devrait servir que la vérité et la vertu, protége-t-elle si souvent le vice et l'erreur ?...Pourquoi cet art sublime n'a-t-il pas toujours une destination en rapport avec la divine origine des facultés qui le font naître ?.... Pourquoi se montre-t-il chez des hommes dont les passions s'écartent d'une noble fin, et n'est-il pas sans cesse employé à soutenir la splendeur de tout ce qui est vraiment beau ?...... Mais j'entends la voix de l'inflexible raison me répondre : « La vertu a assez de charmes par elle-même, c'est presque la méconnaître que de la louer et de lui prêter une parure étrangère. La vérité est toujours glorieuse, elle dédaigne les ornemens, elle n'a pas besoin de l'appui de l'homme, et c'est à juste titre qu'on l'annonce immortelle. Quant à la véritable grandeur, dans son éclat impérissable et si au dessus des pompes de l'éloquence, le seul hommage qui lui convienne est l'admiration simple et sincère que lui vouent les cœurs droits. »

C'est guidé par cette voix, qu'au moment où la ville de Lyon commence à jouir des libéralités d'un de ses enfans qui fut tout à la fois célèbre et homme de bien, j'entreprends de payer mon tribut aux vertus et à la gloire de mon compatriote *. L'écho retentissant des merveilles de sa vie et les bénédictions attachées à sa mémoire annoncent qu'il a su unir aux talens qui l'ont élevé au dessus de ses semblables, les qualités réelles d'un ami de l'humanité : noble et précieux apanage qui l'a rendu un bienfaiteur éclatant de ses concitoyens et lui a acquis leur éternelle reconnaissance. On voit que je veux parler de cet homme à qui sa singulière desti-née a fait passer ses jours loin d'une patrie que son cœur n'a jamais quitté, de Claude Martin, major-général, mort aux Indes au commencement de ce siècle. Ce ne serait pas prostituer l'éloquence que de s'en servir pour le célébrer, puisqu'on peut le regarder comme véritablement grand; mais cette raison même dispense d'en faire usage. Inhabile d'ailleurs à mettre en œuvre les prestiges oratoires, et n'ayant pas sous les yeux toutes ses belles actions, je vais, pour le louer, essayer seulement de le faire connaître.

Peu d'années s'étaient écoulées depuis la fin du règne de Louis XIV, lorsque naquit Claude Martin. Le mou-vement que ce siècle mémorable avait imprimé à la civilisation allait toujours croissant. Les arts, les scien-ces et les lettres, vivifiés et popularisés sous le grand règne, se répandaient dans toutes les classes de la so-ciété, et devenaient facilement le partage de quiconque

* L'auteur de cet Essai est aussi né à Lyon.

était né capable de les cultiver. Tout contribuait à en_
flammer les cœurs d'une vive ardeur, d'une noble ému_
lation. La France avait acquis, par la gloire de ses ar_
mes et les travaux de ses génies, une supériorité in_
contestable sur les autres nations ; partout ses enfans
étaient considérés et chéris. Aussi, comme tous ceux
que tourmentait alors le désir de parvenir ne trou_
vaient pas entièrement dans leur patrie les moyens
de se satisfaire, beaucoup profitaient de l'influence du
nom français et de la facilité que le commerce et la
navigation si puissamment encouragés donnaient aux
relations dans les deux mondes, pour aller tenter la
fortune dans les pays lointains. Les Indes orienta_
les, dont les terres riches et fécondes étaient depuis
long-temps le siége d'établissemens européens et le
théâtre d'un commerce actif faisaient une perspec_
tive intéressante pour beaucoup de jeunes Français
qui avaient peu de biens, et qu'entraînaient leur cou_
rage, la curiosité, l'amour de la gloire et le désir des
richesses. C'était dans ces mêmes régions que Martin
devait passer la plus grande partie de sa carrière et
consommer son illustration.

Je pourrais passer sous silence son origine ou en
parler indifféremment. Car, comme les vertus et les
talens, véritables avantages de la naissance (puisque
les germes de ces titres de gloire naissent avec l'homme
qui doit en être doué), ne sont pas le résultat des ti_
tres, du rang dans la société et de la position heureuse
ou malheureuse des parens d'un homme au moment
où il entre dans la vie *, on peut regarder comme

* L'inégalité des conditions ne dérive pas nécessairement des

superflu de parler d'extraction dans un éloge. Sur ce point, ne suffirait-il pas, à l'égard de notre bienfaiteur, de dire qu'il est né à Lyon, dans la patrie de Marc-Aurèle, et de tant d'hommes dignes des souvenirs de la postérité; dans cette noble cité qui a été associée dès son berceau à la splendeur de l'empire romain, et où nos aïeux ont été tour à tour des martyrs de la foi et de la liberté?.... enfin, d'annoncer un des enfans de la reine de l'industrie et de l'équité, de cette ville dont on pourrait dire qu'il y aurait encore dans son sein de la justice et de la bonne foi, si la justice et la bonne foi étaient bannies de la terre * ?.... Ce-

hasards du parentage, mais de l'inégalité des talens et des vicissitudes du sort: son existence n'a rien de contraire à la nature en ce qu'elle ne produit plus aujourd'hui de différence devant la loi, et qu'elle n'est marquée que par certains égards et de futiles distinctions. Bien des gens recherchent ces faveurs de l'opinion des hommes: les uns les acquièrent par eux-mêmes, et presque toujours péniblement; d'autres les trouvent acquises par leurs pères et savent les conserver; et d'autres perdent celles qui leur ont été laissées. Ceux d'entre les premiers qui ne doivent pas leur supériorité à de basses intrigues ou au seul concours des événemens, mais aux nobles efforts qu'un sentiment naturel leur a fait faire, prouvent qu'en réalité ils sont nés pour l'élévation, qu'ainsi, quel que soit leur sang, ils sont d'une naissance noble. Les seconds, s'ils ne suivent que la pente d'une vertu commune pour maintenir le rang qui leur a été transmis, prouvent qu'ils savent marcher dans une noble voie; mais ils ne prouvent pas comme les premiers qu'ils sont capables de tracer cette voie, et l'on ne peut pas toujours juger s'ils sont nés avec des germes de noblesse. Quant aux troisièmes, en se dégradant eux-mêmes, ils prouvent véritablement qu'ils ne sont nés que dans l'abjection.

* Cette imitation de la pensée du roi Jean ne doit pas paraître ici une exagération, puisque dans tous les temps l'intégrité des Lyonnais a été distinguée. L'on sait qu'anciennement la confiance qu'inspiraient les négocians de Lyon était si grande, que dans

pendant, pour mieux louer le général Martin, je veux parler de sa famille, et dire qu'elle passe pour avoir été très obscure *. Ce fut en vue de sa plus grande gloire, et afin que sa naissance ne parût pas avoir contribué à son élévation, que la nature le fit surgir d'une des dernières classes de la société. Seul fondateur de sa noblesse, il s'est fait l'égal, non de la vulgaire postérité des grands hommes qui ont honoré leur patrie, mais de ces grands hommes eux-mêmes. Aussi on peut dire que, si son origine a été obscure, les avantages de sa naissance ont été brillans, puisque ces avantages n'ont pas consisté en des aïeux illustres, mais dans les dons qui font les hommes illustres. Combien la sagesse divine se joue des vanités humaines !

certaines foires les marchandises qui venaient de cette ville étaient presque toujours vendues sans être déballées: les étrangers jugeaient inutiles de vérifier les ballots, à cause du lieu de l'expédition.

   * J'aime mieux, pour orner le bandeau qui me ceint,
      Un grand nom qui surgit, qu'un vieux nom qui s'éteint !.....
M. DE LAMARTINE.

On voit dans la notice composée par M. le docteur Martin aîné, lue à l'Académie de Lyon le 6 floréal an XI, et dont il avait puisé les renseignemens dans un ouvrage périodique d'une Société de savans Anglais, imprimé à Calcutta sous le titre d'*Asiatics annuals registers :*

Que Claude Martin est né à Lyon sur la place St-Saturnin, en janvier 1732, et est mort à Lucknow dans le Bengale (péninsule de l'Inde, en deça du Gange), le 13 septembre 1800.

Son père était un simple tonnelier à Lyon, rue Luizerne, et était chargé d'une grosse famille.

Les pièces publiées par M. le docteur Martin ont été des élémens pour les rédacteurs des articles du général **Martin** dans les diverses biographies.

Tous les jours elle fait naître des rejetons des grands
de la terre avec de simples attributs qui ne convien-
nent qu'à des artisans, tandis qu'elle se plaît souvent
à départir dans les rangs de ceux-ci les talens qui en
font les flambeaux ou les maîtres des peuples *!

Les faibles produits d'un modeste travail et les
charges d'une nombreuse famille ne permirent pas au
père de Claude Martin de faire donner à ses enfans
autant d'instruction qu'il eût désiré; cependant celui-

---

* Le luxe ou la pauvreté qui entourent l'homme au moment
de son entrée dans la vie ne lui sont donc pas plus inhérens que
ceux qui l'environnent à sa dernière heure; il ne dépend en rien
de toutes ces choses: son destin sur la terre et ses rapports avec
ses semblables ne peuvent pas plus s'y lier que ne s'y lient
son destin après sa mort et ses rapports avec l'être suprême.
Qu'on prenne au hasard un enfant qui vient de naître sous des
lambris dorés, et un enfant qui vient de recevoir le jour sous
un toit de chaume. Osera-t-on affirmer que le premier sera un
jour élevé, et que le second sera obscur?... En pensant que le
contraire peut arriver, on ne saura véritablement lequel des deux
est né avec les attributs de la noblesse.

On se plaignait anciennement de la morgue de quelques uns
des descendans des grandes maisons; que de choses il y aurait
maintenant à dire sur les prétentions de quelques classes de la
bourgeoisie!....Je ne sais quel est le plus ridicule, de celui qui,
la tête pleine de l'illustration de ses ancêtres, s'imagine, au milieu
des illusions que lui ont causées les préjugés de son éducation,
être d'une nature différente de celle des autres hommes; ou du
roturier qui, professant du dédain pour l'aristocratie et les an-
ciens noms, étale lui-même des manières orgueilleuses; ou de
celui qui, se voyant avec dépit dans la simple bourgeoisie, croit
atteindre la noblesse par de grands airs, au lieu de chercher à
l'égaler par un vrai mérite; ou enfin de celui qui, oubliant la
modeste profession et quelquefois les actions peu honorables de
son père ou de son aïeul, croit sottement enlever avec de la fatuité
la crasse de son or, et qui, dans la haute sphère où il se place,
n'aperçoit pas qu'il est un objet de risée et de mépris secret.

ci vint à bout de se procurer les connaissances qui devaient lui servir dans la suite : son goût et son aptitude pour les sciences triomphèrent par sa ferme volonté des obstacles qui dès le commencement de sa carrière semblaient devoir restreindre son éducation et lui ôter les moyens de parvenir. L'on sait qu'il fut versé de bonne heure dans presque toutes les branches des mathématiques. Les sciences exactes perfectionnèrent la rectitude naturelle de son jugement, prêtèrent à l'étendue des vues de son esprit élevé et énergique, et déterminèrent dans ses idées et dans sa conduite un positif de spéculations et de résultats qu'il manifesta dans tout le cours de sa vie.

Doué d'une ame ardente, son imagination en ressentit tous les effets dans sa jeunesse. L'ambition, les prestiges de la gloire, un certain enthousiasme qui le dominait, peut-être un sentiment secret de sa supériorité naturelle, lui firent bientôt chercher une carrière brillante qu'il n'espérait trouver que loin de sa patrie. Il ne pouvait sans accablement envisager la condition bornée à laquelle semblait l'appeler sa naissance; l'instinct de son génie, qui le portait à de grandes choses, lui faisait repousser la vie sédentaire ou du moins retarder de s'y livrer *. En cédant à un attrait irrésistible, il pensait ne quitter que pour un temps sa famille et sa ville natale, dont plus tard le souvenir devait le toucher si vivement.

Dès son enfance, Martin avait manifesté une grande application. Peu curieux des vains amusemens, il avait jusqu'à sa vingtième année constamment travaillé à se

* M. Rabanis représente, dans le morceau suivant de son poème,

fortifier par des études solides, pour se rendre digne de parvenir. Mais arrivé à cet âge, et déja pressé d'exécuter ses nobles projets, quels moyens emploiera-t-il pour s'élancer de l'étroite sphère où il se trouve, dans une autre plus vaste et plus glorieuse ?.... — Jeune et sans fortune, au sein d'une famille dépourvue de crédit auprès des grands, pourra-t-il de suite s'ouvrir les voies par son mérite ?.... Il est malheureusement presque inconnu dans la cité. N'a-t-il pas été en quelque sorte son seul maître pour cultiver un naturel heureux? .Les premières émanations de ce génie naissant ne sont-elles pas cachées ?...— Essaiera-t-il de solliciter ?... La sottise et l'orgueil seront sur sa route pour lui fermer les passages.—Ira-t-il s'attacher à la fortune de quelque par-

Martin se rappelant les illusions de son jeune âge:

« D'où venaient ces désirs qui troublaient mon enfance?
Etait-ce du destin la fatale influence?
Je ne sais, mais quand l'âge eut mûri ma raison,
Rêvant un nom illustre et vivant dans l'histoire,
   C'était la fortune et la gloire
   Que je voyais à l'horizon.

J'y volais : vainement ma superbe espérance
De ma pauvre famille effrayait la prudence ;
Ni plainte ni regret ne me put retenir;
Consolant leur amour qui m'accuse et me pleure,
Seul je franchis le seuil de notre humble demeure,
   Et je marchai vers l'avenir.

L'avenir !... à ce nom tout rempli de merveilles,
Quelle ardeur consumait et mes jours et mes veilles !
Le sort m'avait légué l'indigence et l'oubli,
Et défiant le sort je rêvai l'opulence,
La gloire, les honneurs, surtout la bienfaisance....
   Et mon rêve s'est accompli. »

tisan , et acquérir les honneurs à force de bassesses ?...
Les grandes ames dédaignent les ressources de l'intri-
gue : pour elles toutes les splendeurs du monde acquises par de vils moyens ne valent pas l'obscurité. —
Que fera-t-il donc pour parvenir sans grossir la foule
des parvenus ?.... Il embrassera la carrière des armes *.
Chez lui la force et la vigueur du corps ne le cèdent
pas à l'activité de l'ame ; et il supportera volontiers
toutes les peines de cet état pour servir son pays et la
gloire. Mais comme des préjugés s'opposent à son
avancement dans les légions ordinaires de l'armée, il
choisit un corps où les dangers et les privations de
toute espèce sont plus fréquens et où les favoris du
privilége sont plus rares. C'est dans un régiment co-
lonial qu'il s'engage **. Un tel parti pris si souvent par
de jeunes téméraires peu propres aux arts de la vie, et
vrais fardeaux de la société, n'est pas dédaigné par
Martin , lui qui pouvait acquérir tant d'estime
parmi ses concitoyens. Il se dévoue avec courage à
aller protéger ses compatriotes au delà des mers ; il
compte sur ses connaissances pour servir l'humanité
dans les régions lointaines, éclairer ses semblables et
travailler à leur bonheur. Il n'hésite pas , se dérobe

---

* Je n'entends pas dire ici que la carrière militaire est la seule
voie pour parvenir par le mérite , mais la seule ouverte à un
individu qui étant sans aucun appui veut parvenir honorable-
ment, surtout s'il n'a pas pu faire les études et dépenses requi-
ses pour entrer dans les professions libérales.

** Après s'être livré à l'étude dans son jeune âge avec assez
d'ardeur et s'être adonné de son propre mouvement aux mathématiques , tourmenté du désir de parvenir de quelque manière ,
il s'enrôle à 20 ans dans un régiment destiné pour les colonies.

aux caresses de ses proches*, part, s'embarque et vole au devant des orages. Hélas! il était loin de prévoir qu'au lieu de le conduire vers des compatriotes, son destin allait le jeter au milieu de nos rivaux. Les enfans d'Albion profitèrent bientôt des événemens inouis qui nous ravirent un héros. Ces peuples ne savaient pas encore tout ce qu'ils gagnaient, ni la France tout ce qu'elle perdait. Le voilà transporté tout à coup au service de la fameuse compagnie qui régissait les Indes pour la Grande-Bretagne **.

Martin envisage sa nouvelle position avec fermeté et en calcule promptement tous les résultats. Son retour dans sa patrie lui paraît bien éloigné; il a peu d'espoir de l'opérer un jour. Il voit surtout que dans son nouveau service il n'est pas dirigé contre des Français, et que, si le sort favorise par la suite son élévation, il pourra les protéger dans les Indes. De plus,

---

* On raconte que sa belle-mère (sa mère étant morte et son père s'étant remarié) ayant appris qu'il s'était engagé, essaya de lui faire changer de résolution et de le déterminer à faire rompre son engagement; et que le trouvant inébranlable, elle lui dit toute en pleurs, en lui donnant un rouleau de pièces de 24 sous et une paire de soufflets : *Va, entêté, mais ne reviens jamais qu'en carrosse.*

Il y a dans cette brusque allocution quelque chose de franc, de fier et de piquant, qui est en même temps bien plus naturel que l'adieu de ces mères de Lacédémone qui disaient à leurs fils, en leur remettant leur bouclier pour le combat : *Reviens dessus ou dessous.*

** Il paraît qu'il fut accueilli avec plusieurs de ses compagnons par les troupes anglaises au service de la compagnie des Indes, après une désertion que le corps où il se trouvait aurait opérée pour se soustraire, disait-on, aux mauvais traitemens du général Lally en 1756, quelque temps avant la prise de Pondichéry.

il se considère alors pour la première fois au passage
de la fortune, et veut saisir cet instant pour la rendre
captive. En un mot, tout lui persuade de ne plus songer qu'à son avancement.

En quelque lieu qu'il fût, ses talens ne pouvaient
rester inconnus ; aussi ils ne tardent pas à être remar-
qués par le général anglais, sous les ordres duquel
il est placé. Il reçoit d'abord le commandement d'un
corps de *Chasseurs* avec le titre *d'Enseigne*, et est
envoyé avec son régiment dans le Bengale. Aussitôt
les élémens conspirent sa perte : un naufrage affreux
submerge son vaisseau ; mais son courage le fait échapper à l'avidité des flots, et il gagne le lieu de sa destination*. Arrivé enfin à Calcutta, séjour du conseil de
la compagnie des Indes, centre du gouvernement de
ce pays de négoce et de merveilleux souvenirs, où il
doit réaliser ses espérances, on lui donne successivement un *guidon de cavalerie* et le grade de capitaine
d'infanterie.

A cette époque commence son séjour dans les grandes Indes, où le bruit de son mérite est promptement
répandu. Là il met tout à la fois en œuvre et les dons
de la nature et les fruits de ses études, saisit les avantages des événemens, et se voit l'objet de distinctions
toujours croissantes jusqu'à la fin de sa vie. Les ressources de son esprit font pour lui d'une terre étrangère une nouvelle patrie, et d'un sol presque barbare
un théâtre de gloire et de prospérité. Dès les premiers

* Le vaisseau qui le transportait, ayant fait une voie d'eau,
s'engloutit à la hauteur de Gandawar; mais le sang-froid et la
persévérance de Martin le firent échapper avec une partie de
l'équipage.

temps de son séjour dans le Bengale, la carte du Nord de cette péninsule, levée par lui avec toute l'habileté d'un géographe consommé, divers travaux en physique et en mécanique et ses talens dans le génie, donnent de lui une si haute idée, qu'ils lui valent bientôt la place de surintendant de l'arsenal et du parc d'artillerie de Lucknow.

L'élévation de Martin était destinée à être encore moins remarquable par sa rapidité que par mille circonstances qui devaient s'y rattacher et qui étaient toutes faites pour flatter un grand cœur. Ainsi notre compatriote, en remplissant les diverses fonctions dont il est chargé, sait gagner par sa capacité et sa droiture l'entière confiance du prince qui gouverne la contrée *. Devenu son conseiller intime, il influe puissamment pour le bonheur des sujets dans toutes les affaires de l'état. Un ascendant immense est le fruit de sa pénétration et de ses lumières, et sa qualité de Français rehausse encore l'éclat de sa position, quoique la domination suprême du pays réside dans le peuple le plus jaloux de ce beau nom.

Cependant, pour répondre aux idées de grandeur qu'il s'est formées, il ne se contente pas d'exercer le pouvoir, il veut encore gagner l'estime et l'admiration des Indiens, ses nouveaux compatriotes, en essayant de répandre parmi eux la civilisation européenne. D'une main, il aide à fixer leurs destinées ; de l'autre, il leur

---

* Il était au service du Nabab Vizis d'Oude qui relevait de la compagnie anglaise des Indes, car les Anglais s'étaient entièrement emparés du Bengale : et son influence fit diriger tous les changemens dans le ministère et tous les actes et négociations du gouvernement.

prépare de nobles jouissances. On le voit, dans son amour pour les arts, tourner vers eux le goût du souverain, et lui-même les cultiver de manière à charmer autant l'existence des autres que la sienne propre. Fécond en entreprises, il fait élever des monumens qui embellissent le pays et décèlent ces vues grandes et heureuses qui font unir le beau à l'utile *. Génie infatigable, il enfante sans cesse de nouveaux plans ; il crée pour le présent, il crée pour l'avenir : tout à la fois il prépare et exécute ce qu'il peut faire pendant sa vie, et imagine ce qu'il veut qu'on fasse en son nom après sa mort. Pendant qu'il songe aux institutions philantropiques que, pour couronner sa tombe, il fondera et dans les Indes et dans sa patrie, il travaille à l'éclat durable des lieux qu'il habite, à causer de l'avantage et du ravissement aux hommes qui l'entourent. Ici, c'est un château fort** capable de résister à toutes les armées asiatiques. Là, un palais, véritable merveille, dont l'ordre d'architecture et l'élégance étaient inconnus dans l'Indostan***. Non loin, outre les maisons

---

* Voyez-vous ces palais, ces jardins et ces tours?
Lui-même en déssina la forme et les contours;
Il voulut réunir dans leur masse gothique
Les souvenirs d'Europe au faste asiatique.

M. RABANIS.

** Il avait sur les bords du Gange, à 10 lieues de Lucknow, une maison de campagne dont le parc a 3 lieues de circonférence; il y fit construire à grands frais un château d'architecture gothique fortifié à l'européenne avec beaucoup de régularité, et qu'on regarde comme imprenable.

*** Il fit aussi construire à Lucknow, sur le bord de la rivière

que bientôt il érige pour la jeunesse, il établit un ob-
servatoire, un cabinet d'histoire naturelle, une machine
à vapeur, et beaucoup d'autres choses qui annoncent
ses idées vastes et neuves et sa sollicitude pour le bien
public. Mais quel dut être l'étonnement des peuples de
la contrée lorsqu'il fit sous leurs yeux les expériences
aérostatiques de Montgolfier ? Quel prodige aurait pu
les frapper plus que ce merveilleux spectacle qu'on devait aux découvertes récentes du génie français * ?

Ainsi chacun profitait des délassemens comme des
travaux de Martin. Les rives du Gange répétaient sans
cesse son nom, et semblaient sourire à ce bruit. Tous
les Français trouvaient en lui un frère et un protec-

de Guwnter, une maison très remarquable dont il fit disposer les
appartemens de manière à ce qu'il pût se préserver des chaleurs du
Bengale : il habitait successivement l'appartement au niveau des
plus basses eaux, le rez de chaussée, le premier, le deuxième et
le troisième étage, et jouissait d'une température toujours à peu
près égale.

* L'invention des ballons pour les voyages aériens, cette
brillante opération de physique expérimentale, remonte à plusieurs siècles, mais n'a été bien connue qu'en 1783, époque où
les frères Montgolfier d'Annonay en renouvelèrent et facilitèrent
les épreuves par le moyen de leurs propres découvertes. Des
expériences en furent faites peu de temps après dans le Bengale,
en présence du Nabab Assoff d'Owllah, par le général Martin
qui était toujours au niveau du progrès des sciences.

On rapporte, à propos de ces expériences qu'il fit en présence
d'un Nabab, un trait qui prouve qu'il ne craignait pas de plai-
der la cause de l'humanité auprès de ces despotes asiatiques qui
trop souvent la méconnaissaient. Le prince, après avoir vu répé-
ter ces essais, enchanté d'une telle nouveauté, lui ordonna de
construire un ballon assez vaste pour porter vingt voyageurs.
Martin lui ayant fait sentir les dangers d'une telle expérience
pour les aéronautes: « Qu'est-ce que vingt hommes de plus ou de

teur, car il croyait revoir en eux une patrie dont le nom faisait toujours palpiter son cœur. Ce fut cette affection profonde pour la France qui lui fit refuser les faveurs et les emplois élevés qui eussent été son partage en Angleterre, s'il eût voulu s'y rendre et se faire naturaliser anglais, lorsque ses talens et sa conduite eurent attiré sur lui l'attention de ce gouvernement. Il craignit que les fonctions qui l'attendaient ne devinssent en opposition avec les intérêts de son pays. Il sentait que, plus il se serait par là rapproché d'une terre chérie, plus il eût rompu les liens enchanteurs qui l'y attachaient. A l'avancement qu'il eût obtenu en Europe, où il ne se croyait pas assez nécessaire, il préférait celui qu'il acquérait dans le Bengale, quelque pénible qu'il fût, parce qu'avec lui il pouvait mieux concourir au bonheur des peuples *.

Combien je regrette en ce moment de ne pas pouvoir faire connaître toutes les actions qui l'ont rendu illustre dans le lointain climat où il a fini ses jours? Si tant de faits de sa vie ne nous étaient pas cachés, peut-être pourrais-je présenter ici un assemblage de vertus guerrières et de traits de noblesse dignes d'être comparés à ceux des héros de notre histoire !.... Par malheur nous ignorons encore mille particularités ho-

---

moins ? lui répondit le Nabab ; faites toujours, et qu'une pareille misère ne vous arrête pas.» Malgré cette réponse, l'expérience n'eut pas lieu.

* Il paraît que, par attachement pour la France, il refusa de se faire naturaliser anglais ; car sa qualité de français l'empêcha, dit-on, d'être activement employé dans son haut grade de major-général chez les Anglais, et de développer par ce moyen avec plus d'éclat toute l'énergie et les ressources de ses talens.

norables de son séjour dans les Indes : ce qui nous est le mieux parvenu sur la carrière qu'il y a suivie, ce sont les grands résultats qu'il en a obtenus pour son élévation et la félicité de ses semblables. Devenu *Colonel* dans la guerre contre le sultan Tippoo-Saï, plus tard *Major-général* des armées de l'Indostan, et dans le même temps possesseur de grands biens * par suite d'heureuses et importantes opérations, il ne se livra pas comme tant d'autres aux douceurs d'une vie toute épicurienne, et conserva toujours des habitudes simples et modestes. Sa table n'était somptueuse que pour les étrangers; il n'admettait le luxe que dans les choses d'utilité commune. Pensant être riche moins pour son bien-être que pour celui des infortunés, il craignait de leur dérober par le faste les trésors qu'il leur destinait; il voulait qu'ils jouissent de son état prospère, et n'oubliait pas alors sa lointaine famille.

Dans le rang le plus élevé où il parvint, il fut moins heureux de sa splendeur présente, que ravi par avance des bénédictions que sa bienfaisance attirerait sur sa mémoire. Il méditait plus volontiers quelque sublime

* Les émolumens considérables du poste qu'il occupait dans ce riche pays; diverses spéculations et des opérations de banque, soutenues par son grand crédit auprès des banquiers du Bengale et favorisées même par les guerres dont là contrée se trouva le théâtre, furent les sources de ses richesses. La fortune totale par lui laissée a été d'environ 330,000 livres sterlings (à peu près huit millions de notre monnaie); quelques uns l'élèvent à onze millions. Il en destina une très grande partie à des fondations philantropiques à Lyon, Lucknow, Calcutta, Chandernagor, etc., soit pour élever la jeunesse, doter des filles, faire des distributions perpétuelles et journalières aux pauvres de ces trois dernières villes, délivrer des prisonniers, monter des colléges et entretenir des maisons pour recevoir les étrangers, etc.

emploi pour ses richesses après sa mort, qu'il ne son_
geait à savourer avec elles les douceurs de l'abondance.
Il regardait sa fortune non comme un moyen d'épuiser
tous les plaisirs de la vie, mais comme une voie de
plus pour obtenir l'immortalité qu'il voulait fonder
dans les cœurs.

Dans le cours de ses prospérités, Martin pensait
constamment à la France et en particulier à la ville
qui l'avait vu naître, à Lyon, ce théâtre des jeux de
son enfance et des illusions de sa jeunesse *. Il se représentait les lieux où dans son imagination il avait
entrevu avec délices sa destinée future. Il regrettait
encore au milieu des grandeurs les vives impressions
de son bel âge **. Peut-être avait-il goûté plus de charmes à rêver la gloire, qu'il n'en trouvait dans sa pleine
jouissance ?.... Inconcevables mouvemens du cœur humain, il y a souvent plus de bonheur pour lui dans
l'enthousiasme de l'espérance que dans l'enivrement
de la possession !.... La curiosité, le désir de la nouveauté, les idées flatteuses qu'on attache aux choses
inconnues ; tous les prestiges qui enflamment quiconque entreprend volontairement un voyage lointain,
font bientôt place en lui au regret du sol natal. Nos

---

* Toutefois, dans le cours de ses prospérités,
  Ville aux grands souvenirs, Lyon, noble cité,
  Séjour de son enfance et sa belle patrie,
  Que tu plaisais encore à son ame attendrie !

M. RABANIS.

** Ses songes, ses désirs, et cette vague ardeur
  Qui dès ses premiers ans faisait battre son cœur.

Le même.

premières émotions sont si profondes et si douces que le souvenir des lieux où on les a ressenties se lie avec elles dans nos ames. On pense sans cesse au pays où l'on a passé sa jeunesse, on y prête mille agrémens nouveaux lorsqu'on en est éloigné; en cela il faut plaindre l'homme sensible qui désespère de le revoir *!

Jeté par son destin sur une terre étrangère, Martin ne se consolait de son éloignement de Lyon que par le dessein qu'il formait de le faire participer un jour à sa fortune. Ah! si ce grand homme s'y était trouvé à l'époque d'horrible mémoire où la fureur et le vandalisme conjuraient la destruction de cette superbe cité! si, de sa résidence lointaine venu tout à coup en France dans ces temps orageux, ignorant l'étonnante révolution qui s'y était opérée, ne songeant qu'à se rendre promptement dans sa ville chérie pour jouir de toute la satisfaction qu'il se fût promis d'y goûter, comptant la retrouver tranquille et florissante!..... il y fût arrivé lorsqu'une armée infernale lançait sur ses paisibles toits la foudre et la désolation, livrait à la mort ses infortunés habitans, se disposait à en mul-

---

* Peut-il être en effet de gloire et de bonheur,
  Loin des champs paternels où resta notre cœur!
  Qu'importe à l'exilé qu'on l'admire ou qu'on l'aime!
  Isolé dans la foule il se pleure lui-même,
  A la patrie absente il adresse en secret
  Le culte douloureux d'un éternel regret....
  C'est alors qu'à nos yeux présentant son miroir,
  Des lieux tant regrettés qu'on ne doit plus revoir,
  La douce illusion vient nous rendre l'image;
  Par elle nous pouvons sur un lointain rivage
  Transporter les aspects et les sites connus....
  . . . .

M. RABANIS.

tiplier le carnage de la manière la plus atroce , et méditait de faire disparaître de la terre Lyon et ses monumens * !

S'il eût vu ces valeureux défenseurs d'une sainte cause, tout à la fois soutiens de la liberté et vengeurs du trône, se débattre dans une lutte inégale et terrible contre ceux qui avaient juré leur perte ?.... Qu'eût-il dit ?.... Qu'eût-il fait ?....Quels sentimens de surprise, de pitié, de courroux, ne l'eussent pas agité en ce moment ?.... « O ciel, se fût-il écrié dans son désespoir , dans quel état revois-je la cité magnanime objet de tous mes vœux !.... Quoi ! cette ville que les maîtres du monde se plaisaient à embellir comme une seconde

---

* Hélas ! et ce fut là qu'un long cri de douleur
Vint de ses derniers ans altérer le bonheur,
Quand, seule parmi nous victime résignée,
Lyon se dévouait pour la France indignée.
Comme il applaudissait à ses nobles efforts !
Comme il aurait voulu , ramené sur ces bords,
Partager nos périls et chasser de nos portes
D'un pouvoir abhorré les hideuses cohortes !....
Du moins il ne vit pas croulant de toutes parts
Ces dômes, ces palais, honneurs de nos remparts,
Ces champs qui jusque là ne servaient qu'à nos fêtes,
Recueillant de la mort les horribles conquêtes ;
Du moins il n'entendit ni le funèbre essieu,
Ni ces mourantes voix qui murmuraient *adieu !*
Ni le plomb qui roulait sur la foule enchaînée,
Ni la religion errante et profanée....
Il ne vit que la gloire, un laurier à la main,
De l'immortalité nous frayant le chemin ;
Il n'entendit qu'un hymne éclatant, unanime,
Dont la terre et le ciel saluaient la victime !.....

M. RABANIS.

Rome *, serait traitée comme la proie d'un vil brigandage !....Cette ville, qui depuis tant de siècles porte à un si haut point l'industrie et les arts, tomberait dans l'âge de la plus délicate civilisation, sous les coups de la plus stupide barbarie !.... — Et ce sont des Français qu'elle a pour ennemis !.... — Ah! plutôt m'ensevelir sous les ruines de ma patrie, que de voir consommer d'aussi monstreux forfaits?.... »

Tel eût été sans doute le langage de Martin. Et je crois voir alors cet homme, tour à tour avec la valeur de Bayard et les talens d'Archimède, soutenir par les efforts de son génie le courage de ses concitoyens. Qui sait si sa présence n'eût pas coujuré leur affreux destin?....

Quels dûrent être son affliction et ses regrets, lorsque du fond de l'Asie il apprit la catastrophe de Lyon?.... Combien il déplora de n'avoir pu ni le secourir ni mourir sur ses remparts! Cependant il s'estima heureux de pouvoir prouver un jour par les dons qu'il allait répandre sur cette cité, que la pitié n'est jamais stérile chez les hommes bien nés.

Ceci m'amène à parler de l'écrit remarquable dans lequel, sur la fin de sa vie, il déposa ses pensées et fit le plan de la distribution de ses richesses **. C'est dans son testament que Martin met à découvert toute la

---

* On sait que la ville de Lyon fut un lieu de prédilection pour les empereurs romains, depuis Auguste jusqu'à Marc-Aurèle; et que notamment Claude l'éleva au rang des colonies romaines, en donnant à ses habitans le droit d'entrer au Sénat, et celui de suffrage dans les élections qui se faisaient à Rome.

** Il a écrit en anglais son testament, ouvrage singulier et assez volumineux, daté du 1er janvier 1800, mais il y a employé un

beauté de son ame. C'est là qu'au milieu des qualités qui constituent la grandeur selon les hommes, il fait voir toute la bonté de son cœur. Il commence par parler de l'être suprême qu'il n'a jamais oublié et dont il connaît la justice. Il examine ce que doit être sa vie aux yeux du souverain juge. Toujours sensé et de bonne foi, il n'a pas cessé de conserver, même au milieu des erreurs inséparables de la faiblesse humaine, l'idée gravée en nous d'un avenir immortel, et il espère tout de la clémence divine. De là ses pensées se portent sur les personnes qui l'entourent dans sa vie privée : il assure leur sort, médite leur bonheur. Avec quel attendrissement il parle des objets de son affection ! Quel intérêt touchant il montre pour sa famille ! Quelle grandeur d'ame il manifeste dans la précieuse destina-

idiome peu correct; ce qui fait croire qu'il n'a jamais bien su cette langue. Il existe une belle édition de ce testament, imprimée à Lyon en 1803 par MM. Ballanche père et fils, en un volume in-4° contenant le texte anglais et la traduction française en regard.

Le Mercure de France du 24 prairial an XI, dans un long article sur ce testament, dit entre autres choses :

« Ce testament qui vient d'être imprimé, etc., n'est pas indigne d'attention ; c'est un monument curieux du contraste de l'éducation européenne et des mœurs asiatiques.

« Il y a quelque chose de magnanime et de religieux dans le dernier acte de cet homme qui repasse dans sa conscience le bien qu'il doit faire avant de mourir, et qui travaille à laisser de lui une mémoire chère aux siens, et à effacer par des bienfaits quelques torts d'une vie agitée.

« On ne saurait donner trop de publicité à la manière dont le major-général Claude Martin a disposé de sa fortune, parce qu'il est temps de rétablir dans toutes les ames l'empire de l'émulation, de la bienfaisance et du zèle pour le bien de ses concitoyens. »

tion qu'il donne à ses biens ! Avec quelle sagesse il en fait la dispensation !

Dans cette œuvre où sont consignés ses derniers épanchemens, il expose quelquefois les mobiles de ses actions. Son ame est prête à se détacher de la terre ; aussi il se juge loyalement. Tout en s'occupant des intérêts de ce qui lui est cher, il trace en quelque sorte des mémoires sur le moral de sa vie. Il y révèle ses sentimens, ses fautes même, non avec la sécheresse et le scepticisme dégoûtant des hommes pour lesquels la vertu semble n'être qu'un vain nom, mais avec la candeur et la droiture du sage. Il cherche en outre, toujours avec bonne volonté et sans détour, à ressaisir la plénitude des vérités sublimes qui dès son enfance lui ont été présentées, et dont les fumées de l'ambition et les tourbillons d'une carrière agitée ont affaibli l'éclat à ses yeux *.

Bientôt se déroule sous sa plume le tableau attendrissant des fondations de bienfaisance qu'il a méditées pour l'Europe et l'Asie. Il a pu apprécier les besoins de ses semblables dans le pays où il a senti ses premières illusions, comme dans celui où il a goûté les grandeurs. Partout il veut favoriser le goût de l'étude et du travail et soulager le malheur. Partout il veut faire bénir son nom, en faisant des heureux. Tous les âges, tous les sexes, toutes les infortunes recevront son assistance. Dans son zèle et sa magnanimité il em-

---

* Dans plusieurs endroits, il regrette d'avoir négligé les pratiques de la religion dans laquelle il est né. Quelque part, après des réflexions sur son culte et les autres en général, réflexions qui toutefois se ressentent un peu de ses écarts, il déclare qu'il meurt dans la religion catholique.

brasse presque les deux extrémités de la terre ; il semble prendre tout l'univers pour famille. Il se peint encore tout entier lorsqu'il étend ses faveurs sur sa ville natale *. Par ses soins on y formera à perpétuité de bons et d'utiles citoyens ; les dons de la nature auront un libre développement : de jeunes Lyonnais peu fortunés puiseront dans l'établissement qu'il leur destine les connaissances qui tiennent lieu de profession, et recevront des leçons de sagesse. Ainsi c'est sur le bien-être et la reconnaissance des générations, sur la tendresse des mères, sur l'affection des pères, sur les sentimens les plus sacrés et les plus doux, qu'il fait reposer son souvenir ** .... Son cœur si pénétrant, et qui voudrait éteindre toutes les calamités, ne s'arrête pas là : il le fait songer au sort de ces malheureux que

* Une grande partie de la fortune du général Martin a été destinée par lui, comme je l'ai expliqué plus haut, à la fondation d'établissemens de bienfaisance en plusieurs lieux. Le legs de la ville de Lyon s'élevant à environ sept cent cinquante mille francs, a produit à l'époque du recouvrement environ quinze cent mille francs, parce que la ville a retiré en même temps les intérêts échus qui s'étaient capitalisés. Le testateur a ordonné que la somme fût employée à fonder à Lyon, pour l'éducation de jeunes Lyonnais, un établissement de bien public à peu près semblable à ceux qu'il avait fondés à Lucknow et à Calcutta. Il y a aussi un fonds destiné à la délivrance de prisonniers pour dettes, jusqu'à concurrence de douze mille francs par an.

** Non, vous ne verrez plus, parens infortunés,
Vos fils dans l'ignorance à gémir condamnés ;
Honneur au citoyen dont la noble tendresse
Voulut à tous les arts consacrer leur jeunesse !
Ne craignez plus pour eux les besoins corrupteurs :
Le travail, Dieu l'a dit, est la source des mœurs.

M. RABANIS.

retiennent dans les prisons des engagemens que par indigence ils ne peuvent remplir : il le porte à assurer la délivrance de ceux qui en paraîtront les plus dignes; à rendre à leurs épouses, à leurs enfans, des citoyens auxquels le malheur seul aura donné des chaînes *.

Toutes les dispositions qu'il trace attestent son caractère religieux, sa philosophie et son amour pour les sciences !...... Mais ce qui y domine surtout, c'est l'amour de l'humanité, cette vertu que le ciel a créée pour adoucir les maux qui accablent la terre; ce précieux sentiment qui fait que nous nous approprions la joie comme la douleur de nos semblables, cette source inépuisable de plaisirs et de peines pour l'homme sensible !.... On voit que Claude Martin en était pénétré; qu'il eût voulu n'avoir rien à envier aux Vincent de Paule et aux Fénélon !....

Dans le temps où il écrivait à la postérité, envisageant toujours la mort comme le commencement de sa véritable gloire, il choisissait tranquillement la place de son dernier repos. C'était sur les bords du Gange, dans un château fort **, monument de splendeur et

---

* A vos tristes enfans vous serez réunis,
Vous qui des coups du sort injustement punis,
Dans ces lieux où jamais n'a brillé l'espérance,
Expiez les forfaits d'une honnête indigence.

M. RABANIS.

** C'est dans l'enceinte du château fort dont on a parlé qu'il s'est fait élever un tombeau simple et noble sur lequel on a gravé cette inscription qu'il avait lui-même composée :
« Ici repose Claude Martin, né à Lyon en 1732, venu aux Indes en qualité de simple soldat, et mort général-major. »
Il a recommandé dans son testament que s'il ne mourrait pas au

de triomphe, qu'il préparait son tombeau. Il s'en occupait avec ce calme élevé et cet œil actif et contemplateur qui avaient dirigé tant d'importans travaux. Il se représentait là un lieu qu'il pensait destiné à être à jamais uni dans les esprits à l'idée d'un nom qui allait vivre dans la mémoire des hommes. Il comptait pour rien l'éclat dont il brillait de son vivant loin de la France et des hommes dont il ambitionnait les suffrages. S'il espérait obtenir les hommages de ses chers compatriotes, ce n'était qu'au prix de ses bienfaits et seulement pour le temps où il ne serait plus. Ne pouvant durant sa vie nous servir autant qu'il le souhaitait, si sa fortune lui causa de la joie, ce fut surtout par l'espoir d'y faire participer un jour tout ce qui en serait digne, et surtout notre cité.

Quand on met Claude Martin en parallèle avec les autres hommes qui se partagent les honneurs de la renommée, peut-on s'empêcher de reconnaître en lui, sous divers rapports, de la supériorité sur la plupart d'entre eux ?.... Ont-ils tous été obligés comme lui de lutter dans leur jeunesse contre les obstacles d'une position étroite ?.... Voit-on être en même temps favoris des sciences, politiques habiles et amis de l'humanité, tous les hommes qui peuvent briller par leurs exploits militaires ? La bienfaisance est-elle la compagne assidue des hautes dignités ? Et n'arrive-t-il pas souvent que ceux qui acquièrent de grandes richesses dans des places éminentes, n'en font pas un emploi honorable ?

champ d'honneur contre l'ennemi, mais à Lucknow, son corps fût embaumé et mis dans un cercueil de plomb, et que son tombeau fût gardé par les plus fidèles de ses domestiques auxquels il a donné une indemnité pour en avoir soin.

Enfin les talens qui obtiennent nos hommages sont-ils toujours unis à la pitié chez celui qui les possède ? Combien n'en est-il pas qui sont obscurcis par l'orgueil ou un vil égoïsme ? Comment donc ne pas apprécier l'homme que nous célébrons, lorsqu'on jette les yeux sur tous ceux qu'on a encensés jusqu'à ce jour * ?....

Pendant ses dernières années il supporta avec constance les atteintes cruelles du mal qui mit longuement fin à ses jours. Accoutumé à porter ses investigations dans toutes choses, il avait su trouver et pratiquer un moyen de guérison aussi ingénieux que prudent**, moins par crainte de la mort, que pour satisfaire son esprit inventif. Mais comme il était déja à la fin d'une carrière assez remplie, tous les efforts de l'art devinrent bientôt superflus. Sa vie et son caractère ont présagé sa fermeté au terme fatal. Ce qui

---

* On pourrait peut-être ne voir dans ces dernières phrases qu'une amplification déclamatoire ; mais je fais observer que le sens de tout ceci tient à l'idée qui domine dans mon exorde sur le petit nombre de véritables grands hommes, et à celle de l'épigraphe que j'ai choisie, laquelle me fait regarder les qualités du cœur comme devant être toujours jointes au mérite qui constitue la grandeur.

** Il mourut de *la pierre*, maladie dont il fut affecté pendant plusieurs années. Il avait imaginé pour s'en défaire un système de traitement que maintenant l'on perfectionne sous le nom de *Lithotritie* et qui paraît devoir prendre en médecine. Au lieu de recourir à l'opération périlleuse de *la taille*, il introduisit dans la vessie, à travers une sonde creuse de gomme élastique, un mandrin de fer armé d'une lime fine, pour user peu à peu le *calcul* ; ce qu'il fit chaque jour pendant un an avec des douleurs atroces, et qui réussit. Mais la maladie se reproduisit ensuite.

dut lui causer le plus de douleur alors, ce fut son éloignement des lieux qui l'avaient vu naître, et des hommes qui lui eussent témoigné l'empressement le plus sincère et le plus mérité. Il mourut au plus haut point de sa renommée, regretté presque comme un père dans le pays qui ne l'avait d'abord adopté que comme un enfant de plus. Les Indes sans doute le pleuraient, et nous qui devions revendiquer sa gloire et ses bienfaits, nous le connaissions à peine. O noble général, tu n'as pas vu accourir à ton lit de souffrance la foule de tes compatriotes éplorés. La consternation n'a pas régné alors dans notre cité. Aucun orateur n'est venu exprimer sur ta dépouille mortelle et tes vertus et nos regrets. On ne soupçonnait peut-être pas ici que tu eusses vécu, et cependant tu avais travaillé à notre bonheur, et ton nom devait être immortel. Ta merveilleuse existence ne s'est dévoilée à nous, que lorsque la plus précieuse partie de ton être avait disparu de la terre!.... Nous sommes même privés de ta cendre. Au moins possédons-nous tes traits * ? Hélas ! je cherche encore en vain dans nos murs le marbre vivant que la patrie reconnaissante a voulu te consa-

* Un arrêté du gouvernement du 12 floréal an XI, signé Bonaparte, premier Consul, a ordonné que le Préfet du Rhône fera exécuter aux frais de la cité une statue et un tableau destinés à représenter le général Martin.

> Et toi dont le laurier a grandi parmi nous,
> Toi qui sus nous montrer Eurydice blessée,
> Et sa molle douleur et sa pose affaissée,
> Hâte-toi, jeune artiste (1), un triomphe nouveau,
> Une palme oubliée appelle ton ciseau :

(1) A M. Legendre-Héral.

crer !.... Tes concitoyens ne peuvent pas encore contempler cette image qui doit embellir de plus en plus leur séjour et entretenir d'heureuses inclinations dans les ames.

Mais que ton ombre se console ! Je vois des magistrats dont le zèle puissant a tout surmonté pour nous faire jouir des fruits de tes libéralités *, et qui bientôt sans doute achèveront de combler nos vœux. Je vois

> Joins encor ce grand nom à l'élite immortelle
> Qu'au sein de ce palais, digne séjour des arts,
> Un pieux souvenir retrace à nos regards ;
> Et là puisse bientôt la cité qu'il honore
> Le bénir, l'admirer et le bénir encore.

M. RABANIS.

* Ce n'est qu'au moyen des soins et des démarches sans nombre de ses autorités municipales, que la ville de Lyon a pu parvenir à retirer son legs des mains des détenteurs dans les Indes de la succession du général Martin; car, pendant un grand nombre d'années, elles ont lutté avec courage et persévérance contre des oppositions de tout genre suscitées surtout par des agens de l'Angleterre. Lorsque M. de Fargues était à la tête de la Mairie, il commença à travailler au recouvrement des sommes léguées, avec toute l'activité que les circonstances pouvaient permettre. Son successeur M. Rambaud y a mis un zèle au dessus de tout éloge; il a eu mille obstacles à vaincre pour obtenir définitivement la liquidation et la rentrée, et a enfin réussi; et M. De Lacroix-Laval s'est ensuite empressé de faire organiser et ouvrir *l'Ecole de la Martinière.*

Les difficultés provenaient en partie de ce que le conseil du Bengale jugeait qu'il y avait lieu au droit d'aubaine pour le gouvernement du pays. M. Rambaud fut obligé de faire un voyage à Londres. D'un autre côté on eut à Lyon la visite de commissaires nommés par la haute cour de Calcutta pour examiner l'affaire. Il fallut enfin, pour terminer, l'intervention du gouvernement français auprès du gouvernement anglais. On dit que les parens du général Martin, n'ayant pu comme la ville obtenir cette intervention, n'ont encore rien retiré de sa succession.

s'occuper avec la plus généreuse vigilance du soin
d'assurer l'honneur de ton nom et développer fidèle-
ment la sagesse de tes vues, le corps de savans res-
pectables que, par une heureuse inspiration, tu as
chargé de faire accomplir tes volontés *.

Entends-tu le concert de bénédictions et de louán-
ges que font retentir ces intéressans citoyens dont

* O vous qu'il a chargés d'accomplir son ouvrage,
Fils des Muses, veillez sur ce saint héritage.

M. Rabanis.

L'Académie de Lyon a été chargée par le général Martin du
soin de déterminer l'espèce d'établissement de *bien public* qui
devait être soutenu annuellement par les revenus du fonds légué.
Lorsque, pour remplir le vœu du testateur, la ville a établi l'Ecole
des arts et métiers connue sous le nom *d'Ecole de la Martinière,*
on a pu juger, par plusieurs des délibérations de l'Académie, avec
quelle sollicitude cette compagnie veillait vis-à-vis de l'autorité
au fidèle accomplissement des volontés du bienfaiteur. Elle a
encore récemment ouvert un nouveau concours pour donner, s'il
est possible, une meilleure organisation à l'institution.

Il serait à désirer que *l'Ecole de la Martinière* pût être orga-
nisée de manière que moins d'élèves y fussent reçus et qu'on
leur y donnât la nourriture ; car une multitude d'enfans sans
ressources ne peuvent pas profiter de l'excellence des principes
et méthodes qu'on y enseigne, attendu qu'on n'y entretient pas
les élèves et qu'on ne les y garde que quelques heures par jour:
beaucoup de parens pauvres, étant aussi embarrassés pour occuper
chez eux leurs enfans pendant le reste de la journée que pour
les nourrir, ne peuvent pas les envoyer dans cet établissement.
Tant de gens en effet sont si nécessiteux qu'il leur est absolu-
ment impossible de subvenir à tous les besoins de leurs enfans
en leur faisant apprendre un métier. S'ils ne trouvent pas pour
eux des maîtres qui les nourrissent pendant ce temps là, bien
souvent au lieu de les mettre en apprentissage, ils les laissent
errer dans la ville presque à l'aventure. Ainsi abandonnés ces
enfans vivent de rapines, et de petits filoux ils deviennent quelquefois plus tard d'audacieux voleurs. Si avec les fonds légués
par le général Martin on avait pu établir un lieu de refuge pour

les fils te devront les arts et la vertu ; et cette tendre jeunesse l'objet de tes sollicitudes ; et ces pères de famille qui ont déja vu à ton nom tomber les fers du malheur * ?..... Tous les mortels qui apprendront ta bienfaisance te glorifieront aussi à l'envi ! Que tes mânes se réjouissent, ô Martin ! Aucun Français n'est insensible au vrai beau, aux charmes de l'héroïsme, aux nobles élans de la philantropie, à tout ce qui fait vibrer les cœurs patriotiques et généreux : ta mémoire ne périra jamais !....

un nombre déterminé de ces jeunes gens de l'âge de 12 à 18 ans, qui sans gîte et sans état errent sur nos quais et dans les rues, et dont les parens ou sont inconnus, ou ne peuvent leur fournir le nécessaire, ou quelquefois ont été obligés, en voyant en eux de la perversité, de les contraindre à abandonner la maison paternelle avant l'âge du service militaire, on diminuerait l'intensité d'une grave plaie de la Société, plaie que l'on ressent dans toutes les grandes villes et surtout à Lyon. Une semblable destination produirait réellement un *bien public* suivant le vœu du testateur, et serait profitable aux enfans véritablement pauvres, tandis que l'établissement actuel ne peut en quelque sorte être abordé que par des gens un peu aisés. Il n'existe point à Lyon d'établissement où soient gratuitement nourris en recevant l'instruction primaire et apprenant une profession, les enfans mâles (car il y a des maisons de ce genre pour les jeunes filles) qui n'ont pas de soutiens. Par le moyen des bourses royales et communales, les jeunes gens qui avec des dispositions sont censés manquer de fortune, sont tenus complètement dans les colléges en y recevant l'instruction secondaire, (dont seulement un petit nombre d'individus peut faire usage) ; tandis que nulle part on ne nourrit gratuitement en fournissant l'éducation primaire qui est cependant nécessaire à tous.

* Venez à ce tombeau, venez verser des pleurs,
Vous tous dont ses bienfaits ont calmé les douleurs :
C'est votre ami, c'est lui dont la main tutélaire
Rend un père à ses fils, rend les fils à leur père.

M. RABANIS.

EXTRAIT

DU

TESTAMENT DU GÉNÉRAL MARTIN.

Ce Testament commence ainsi (Traduction littérale) :

« Au nom du Dieu tout puissant, du Dieu créateur de cet univers et de tout ce qui existe dans le monde, et à qui la louange et l'adoration sont dues : mes très humbles et respectueux remercîmens soient admis aux pieds du Tout-Puissant, sublime, inconnu, invisible et incompréhensible, pour le bonheur dont j'ai joui dans ce globe, pendant le temps que sa bienveillance habituelle m'a accordé ; comme aussi pour le motif et le temps qu'il m'a accordé en faisant et écrivant celui-ci mon dernier testament en faveur de ceux que cela regarde, dans l'espérance qu'il sera exécuté dans toute sa forme et teneur, en leur souhaitant tout le bonheur possible dans ce monde et dans l'autre. Mes louanges les plus exaltées et mes remercîmens les plus respectueux soient reçus par le Tout-Puissant, créateur de tout ce qui existe, pour sa grande clémence envers moi pendant ma vie ; étant miséricordieux pour tous, j'ai de grandes espérances qu'il me pardonnera les péchés que j'ai commis, si sa créature peut en commettre, et pour ma négligence de ne l'avoir pas adoré comme il m'a été ordonné dans mon jeune temps. Comme le Tout-Puissant, la lumière de la lumière, le créateur des créatures, le régulateur de tous, m'a dirigé, gouverné et commandé mes passions, dirigé mes intentions, actions et mouvemens, animé mon corps matériel lequel à ce temps écrit ces lignes; mon ame possédée d'un corps charnel, laquelle je quitterai à son plaisir avec résignation, mais dans la plus grande espérance que le Tout-Puissant sera miséricordieux envers sa créature et recevra mon ame dans son sein afin qu'elle puisse jouir du bonheur et de la paix pour jamais, à jamais. Ainsi soit-il, etc., etc. »

Teneur de l'article XXV qui concerne la ville de Lyon.

« Je donne et lègue la somme de deux cent mille sicka rupées, pour être disposée dans les fonds à intérêts les plus sûrs de la ville de Lyon en France, et régie par les magistrats de cette ville, sous leur protection et contrôle. Cette somme mentionnée ci-dessus doit être placée comme je l'ai dit, dans un fonds portant intérêts. Cet intérêt doit servir à établir une institution pour le *bien public* de cette ville, et les académiciens de cette ville doivent désigner la meilleure institution qui puisse être constamment supportée avec intérêt provenant de la somme sus mentionnée, et s'il n'y en a pas de meilleure, de suivre celle désignée dans l'article XXIV. L'institution doit avoir, comme à Lucknow, le nom *de la Martinière*, et avoir une inscription faite au devant de la maison d'institution, portant le même titre que celle de Calcutta; et cette institution doit être établie sur la place de St-Saturnin, étant l'endroit où j'ai été baptisé; d'y acheter ou bâtir une maison pour cela, et de marier deux filles chaque année, à chacune deux cents livres tournois, outre environ cent livres pour les frais du mariage et de la fête de ceux qui doivent être mariés. Ou si c'est une institution telle que celle de Lucknow, pour instruire un certain nombre de garçons ou de filles, alors il doit y avoir un sermon et un dîner pour les enfans de l'école et ceux qui doivent être mariés, et ils doivent boire un toast en mémoire de l'instituteur; et une médaille de la valeur de cinquante livres doit être donnée, avec une récompense en argent ou en effets, de la valeur de deux cents livres, au garçon ou à la fille qui aura été la plus vertueuse, et qui se sera le mieux comporté pendant le cours de l'année; et aussi une récompense de la valeur de cent livres pour le (ou la) seconde qui se sera le mieux comporté; et aussi une troisième récompense d'environ soixante livres pour le (ou la) troisième qui se sera le mieux comporté. J'espère que le magistrat de la ville protégera l'institution. Dans le cas que la somme ci-dessus donnée, de deux cent mille sicka rupées, ne soit pas suffisante pour un intérêt propre à supporter l'institution et acheter ou bâtir une maison, alors je donne et lègue une somme additionnelle de cinquante mille sicka rupées, faisant deux cent cinquante mille sicka rupées. Un de mes parens mâles résidant à Lyon peut être fait administrateur et exécuteur testamentaire, joint avec quelqu'un nommé par le magistrat, pour être régisseurs de ladite institution ; et ces régisseurs doivent avoir une commission économique pour leurs peines, prise sur l'intérêt de la somme ci-dessus mentionnée. -- Je donne aussi et lègue la somme de quatre mille sicka rupées, pour être payée aux magistrats de la ville de Lyon, pour libérer des prisons autant de prisonniers que la valeur de cette somme peut s'étendre, et de tels qui sont détenus pour petites dettes ; et cette libération doit être faite le jour du mois que je mourus, afin que le souvenir du donateur puisse être connu, et que le major-général Claude Martin en est l'instituteur, et qu'il a donné la somme de quatre mille sicka rupées pour libérer quelques pauvres prisonniers autant que cette somme puisse le permettre. Ceci je le mentionne pour que cela soit connu, et afin que, si c'était négligé, quelque personne charitable le fasse connaître aux magistrats de la ville de Lyon, pour qu'ils puissent obliger mes exécuteurs testamentaires, administrateurs ou substituts, de payer la somme dite ci-dessus, et d'être plus réguliers dans leurs paiemens. »

Voici ce qu'il dit dans un autre article :

« Je désire aussi et requiers ou commande mes exécuteurs testamentaires de concerter entr'eux et par les meilleurs conseils qu'ils puissent recevoir dans le cas comme je l'ai dit, par suite de temps, que la somme qui puisse être déposée excède de beaucoup l'intérêt nécessaire pour payer les pensions annuelles, par mois, donations, etc. Alors ils peuvent, après avoir bien considéré, faire quelque nouvel établissement pour des vues charitables sur le même plan et avec la même formalité pour y être observée comme mentionnée à ceux que j'ai ci-dessus commandés, afin que le donateur puisse être connu après sa mort. Le-

quel projet ambitieux peut induire d'autres à faire des établissemens charitables, et être aussi animés par l'ambition et la vanité, quoique j'aie tâché de ne jamais être conduit ou animé,
en faisant une bonne action, par la vanité de la faire souvent.
Espérant d'être excusé pour une telle idée, je ne pouvais m'empêcher d'être sensible au plaisir de ce que je faisais; et comme
j'ai souvent engagé et encouragé les autres dans leurs vanités,
pourvu que la bonne action fût faite, j'espère qu'on m'accor-
dera la même indulgence, n'ayant jamais eu à cœur d'augmenter
ma fortune que pour l'ambition de faire le bien aux autres. J'espère que mes souhaits et mon dernier testament seront exécutés
et entièrement effectués après ma mort. »